등근여백

서종석 시집

뚱근여백

도서출판 해암

| 시인의 말 |

산길 오르내리다 가끔

바위에 앉아 먼 산과 하늘을 바라본다

전반은 가족을 위해 삶의 그림을 그렸고

후반은 그대들처럼 아름다운 존재이고파

언어와 소릿결을 조탁하며 새로운 그림을 그린다

둥근 여백 사이 평온한 마음속 눈으로 조감하며

따뜻한 삶을 지향해 본다

독자와 함께 힘들지 않고 편안하게 동행하며

여운 한점 담아 갔으면 하는 바램이다

가족과 인연 모두에게 사랑과 축원을 드린다.

2023년 봄

서 종 석

| 차례 |

1부

2부

| 차례 |

3부

4부

| 차례 |

5부

1부

미소가 좋다

바람은
바위틈에서 쉬고
산새도 한가한 오솔길

들으면
사각거리는 흙소리
시름 털어내는 물소리
새벽 기도 가는 걸음

길섶 잠을 깬 풀꽃들
미소로 눈인사합니다

물이 구른다

간밤
선녀가 벗어놓은 시스루 속옷 찾던
칠선계곡 물이 구른다

낮은 곳을 향하여 한 생각 떨어져
길을 내고 길 속에 또 길을 낸다
거품 위에 돌부처로 앉았다가
살아가며 흘린 부끄러운 얼룩들
모른 척 씻어 보낸다
때로는 가슴에 묻어 두었던
야위어진 속내
강물 눈시울이 잠잠할 때는
노을에 기대어 속으로 울기도 한다

바삭거리는 세상
부러지지 않고
촉촉함이 있어 살맛 나게 웃을 수 있다

차 한잔

그대 고운 화안花顔
곁에만 있어도 향기롭습니다

휘어져 오르는 원초의 열기
후~ 불어내고
우주의 속살인 빛과 향이
고요히 머문 차 한잔 마십니다
따스함이 행복처럼 스며듭니다

가끔, 싱거우면
그대 그리운 마음 넣어 마시렵니다

누워서 타는 자전거

효동마을 앞에 세운 유리 차음벽이
야단野壇에 설치한 법석法席이다
가끔 유리벽을 보지 못한 새가 번개를 친다

떨어진 참새 한 마리
머리 깃털 사이로 백과사전인 듯
붉은 지식들이 끈적이며 흐르고
파르르 떨면서 두 다리가 하늘을 향해 누워
빈 자전거 페달을 밟는다
날기만 하다가 땅바닥에 날개 내려놓으니
들리지 않던 하늘소리가 보이고
보이지 않던 바람이 넓은 시야로 걸어온다
머리는 알지만
가슴과 날개가 알지 못해 허겁거리는 날갯짓
헛것이었음을 깨닫는다
포근하게 감쌌던 두 손을 펴니
다시 태어난 울음인 듯 풀숲으로 날아간다

보이는 것도 보이지 않는 좁은 사유
반야처럼 들판에 누워 빈 자전거 타 봐야겠다
풀잎 사이로 부는 고요한 바람을 베고

누름돌 하나

파도가 다듬어 놓은
몽돌해변 조약돌은 익어가는 은하수다
김칫독 속을 누르는 누름돌이다

미늘 같은 소리 툭 나가려 할 때
뜨끈 거리는 열기 훅 치밀어 오를 때
지그시 눌러 줄 누름돌 하나 찾는다
스치는 말 끝에 쉽게 들뜨지 않고
괜스런 욕심에 끌려가지 않도록
꾸욱 눌러 둘 누름돌 하나 찾는다

묵직하고 둥글 넓적한
범종소리 닮은 돌 하나 찾았다
이승에서 쓸 누름돌 하나 가슴에 품어간다

삭음과 썩음

먹고 나서
탈이 나지 않으면 삭은 것이고
탈이 나면 썩은 것이다

먹어보지 않아도
항아리는
맛이 다름을 안다
항아리 뚜껑은
내음이 다름을 안다
세월이 스며드는 것은 같지만
삭음과 썩음
ㅏ, ㅓ
한 생각
마음 씀씀이 점 찍는 방향 차이다

어차피
바람이 머무는
시간 속에 맛있게 익어가고 싶다

금낭화

산사를 껴안고 도는 바람 한줄기
가슴속
그리움 같은 풍경소리가 고요를 깨운다

요사채 흙담 너머
빨간 주머니 금낭화 한 송이 피고 있다

출가한 동자승 얼마나 컸을까
계단 오르내리는 하얀 고무신 걸음
한없이 말갛다

먼발치에서 바라보던 엄마
울먹거리며 고개를 끄덕인다

이승 지울 수 없는 질긴 핏줄
빈 가슴속 바람이 흔들리고 있다
얼굴 마주하면 소리 내어 울어버릴까 봐
한참을 바라만 본다

산새소리 뒤로하고
구불거리는 산길 따라 내려간다

오른쪽 손에 든 까만 비닐봉지
전하지 못한 동자승 속옷 귀퉁이가
삐죽하게 내다본다

순간이더라

반나체 여인의 무방비가 팔베개를 한 방이다
모기는 초저녁 달도 베어 먹고 싶은 허기에
작업 채비를 한다
어설프게 달려들면 이승 마지막일 수 있기에
순발력 다듬는 스트레칭은 기본이다
날개바람으로 정찰비행을 마치고
볼그레 젖은 콧방울에 빨대를 쿵 꽂는다
입이 실룩거리며 손바닥 움직이는 각도가
심상치 않아 스프링처럼 공중으로 튀었다
창밖이 희뿌옇고 남편 코 고는 소리가 커진다
볼테기 깊숙이 꽂아 불끈거리며 수집 중인데
왼손 손가락 꼼지락 거림이 꺼림직하다
무리하게 작업한 빨대가 빠지지 않는다
두 발을 밀어 빼려는 순간 올 시간이 왔다
탁,
서러운 한 생이 빨간 수채화 한 점으로 남았다
가려운 볼을 긁적거리며 돌아눕는다

살아가는 갈림길 순간이더라
집에서 아침밥 해 놓고 기다릴 건데

굽은 소나무

해안가 포구마을 언덕
무심한 갯바람 막아내느라
귀 어두워지고
속이 퍼석거리는 독거 노송
삭은 허벅지 내어놓고 쓰러져 있다

그 뒤로 해송 몇 그루
가지 찢어지고 떨어진 자리
마른 젖꼭지 옹이가 되었지만
굽어진 허리 그림자로
흔들리는 안부를 묻고 있다

바람이 빈 솔잎 날려 덮어주며
힘 내시라 다독이고 있다

정情의 무게

붉은 수초 등을 타고 놀던 장어가
욱신거리는 수족관 유리벽을 세우고 있다

별빛이 문을 닫을 즈음 어두운 취객의
비틀거리는 입술 사이로 “아나고 이인분”
헝클어진 자주색 소리가 기어 나온다
뜰채 속에는 장 씨, 옥이 어마이, 옥이
피붙이는 옷자락 붙들고 가슴살을 휘감는다
물기 흘린 채 저울에 얹어 길을 묻는다
궁한 바람은
다 주면 손해라고 장씨 바짓가랑이를 잡고
수족관에 다시 던져 넣는다
옥이는
못에 찔린 송판 위에 누워 하얀 배를 내민다
옥이 어마이는 쏟아져 내린 등뼈를 만지며
혼자 남은 즈 아부지
내일 끼니 걱정하는 소리로 꾸물거린다

파장 떨이인데 그냥 같이 탁 털어주지
쌓인 정이 발라낸 등뼈보다 무겁다

시간이 머문 자리

바람이 심안心眼으로 건넛산
소나무 속내를 흔들어 본다
무심하게 보면 푸르기만 하지만
가지 속에는
힘들어 말라버린 솔잎도
골바람 지난 뒤
부러지고 찢어진 갈색 아픔도
가슴 한켠 얼룩처럼 안고 있더라

솔가지는 잔잔한 바람에
말없이 고개 끄덕이지만
호숫가 짙은 물안개 피어오르면
뿌연 아쉬움들
가슴 눅눅한 아픔들
솔잎 끝에 이슬처럼 맺혀
한 방울씩 눈물 떨구고 있더라

울지 마라
안개 오래가지 않는다
서로 사랑하며 헤아려 주며
오래도록 푸르게 살자
살아가는 것 거기서 거기더라

해가 뜨니
산새소리 구름소리에
청솔가지는 솔향기 짙어가는
가지 사이로 언뜻언뜻 보이는
하늘을 향해
눈물 자국 닦으며 햇살을 맞이하더라

가을은

가을은
꽃받침에 매달린 자궁 속 열매
혼불의 숨결에 익어가라는 것이다

버겁게 들고 메고 온 짐들
가랑잎 돗자리에
내려놓으라는 것이다
때로는 밟혀서 터진
길바닥 은행알 향내인 듯
까닭 있는 이유로 눈시울 적신
눅눅한 가슴
황금색 바람에 꺼내 말리라는 것이다

가을은
굽은 가슴 살포시 펴
양지바른 길섶 언덕에 핀
들국화 향기만큼 행복하라는 것이다

오후의 여유

거실 창 너머 햇살 자락이 쏟아지고
마당 잔디 위에 고양이와 장닭이 눈을 맞춘다
감나무 가지에 붉은 입술이 말랑거리고
햇살 마주한 흔들의자는 낮잠을 청한다
음질 좋은 블루투스가 쿵쿵거리며
'홍시' 를 뿜는다
굳었던 상체가 흔들거리며 풀어진다

♪ "생각이 난다 홍시가 열리면 울 엄마가
생각이 난다 자장가 대신 젖가슴을 내주던
울 엄마가 생각이 난다" *

흔들의자는 노래를 따르고
노래는 커피향을 마신다
홍시가 춤추는 오후가 익어간다

*가수 나훈아의 노래 '홍시' 가사

꿈을 꾸다

엄니는 시큰거리는 회청색 무릎으로
끈이 짧은 가방 하나 메고
일터로 나서는 억새꽃이다

길지 못한 가방끈
가끔
태풍에 뜯겨진 함수 그래프 모습으로
수척한 굴레 씌우지 않으려
소환에 응하고 있다

손잡고 노래 부르고 싶지만
소태맛 보금자리 음계가 보이지 않는다
간절한 웨딩마치 비를 맞으며 떨고 있다

창백한 잔머리 속에서
허공만큼 알량한 푼돈 쥐어 준다고
당신은 싹을 틔우겠습니까

어제저녁 꿈에는
능력이 먼저라며 간판 크기는 묻지 않는다
서성이는 푸른 부부 누울 자리 먼저 챙겨주더니
초록 공간에서 어린 풀뿌리 돌봐주는 꿈을 꾼다
쭈글거리던 아이들 웃음소리가 탱글 거린다
흰머리 김 여사 어둠 밟지 않아도 한갓지다

강둑에 누운 포플러 삭정이에서 꿈을 깬 까치
물비늘 등을 타고 석류나무를 향해 날아간다
석류알 깨문 듯 새큼한 소식 올 것이다

소중한 당신

– 작사와 노래 : 서종석(현준)

구름인 듯
흘러가는
꿈같은 인생길에

하늘이
맺어주신
내 인생에 소중한 당신

가슴속에
힘든 굽이를
그 정으로 안아준 사람

하얀 그 마음
사랑의 불씨를
나에게 지펴준 사람

고마워요
사랑해요
당신을 사랑합니다

갈매기 등대

갈바람 스치는 방파제
땀 배인 등짐 벗어놓고
속 깊은 바다에 낚시를 던진다

잔파도 딛고 입질이 수런거리는 징조
찌에서 보이더라
물결 위에서 삶이 술렁거리는 징조
자신에게서 보이더라

갈매기가 건너편 등대 위에서
아련하게 눈을 감는 이유는
건너편에서 내가 나를 보아야
내가 잘 보이기 때문이더라

밤바다 등대가 깜빡이는 것은
희망이 살아있다는 침묵 소리이다
파도는 내가 바꿀 수 없더라도
뱃머리는
내가 돌릴 수 있다는 갈매기 등대 소리이다

소라게

물 빠진 갯벌
소라게가 굽어진
빈 소라껍데기 속으로 웅크린다

갈매기 부리가 두려워서인가
아니
그렇게 살아가야 할
피 속에 웅크린 카르마 때문인가
부르튼 등짐
바람처럼 휘어지는 불면에도
굽은 껍데기 벗지 못하고 머뭇거린다
아직도 풀 수 없는 난해한 속살
답이 없는 거품에 비춰본다
알 수 없는 화두
서성이던 집게발이 달빛을 물고 떨고 있다

살아가는 것
바람인 줄 알면서
내려놓지 못하는 조개껍데기 등짐인가 보다

2부

자주색 바람 소리

딱 따구르르
양목마을 어귀 늙은 수양버들
삭은 둥치는
딱따구리에게 속을 열어 보인다
질기게 말라버린 속살
지나는 객들에게
정갈하게 서성거리는 목탁 소리다
가슴에 부리를 닦으며
새끼들 배를 채울 즈음
부서져 내린 삶의 조각들
삐걱거리며 바람에 흩날린다
딱 따구르르
수행하듯 두드리고 쪼아야 살 수 있다
자주색 바람 소리인 듯
내림 목탁소리가 쉬엄쉬엄 녹슨 벽을 쪼고 있다

송해공원

한낮
송해공원 호수 잔물결 위에
은빛 별들이 모여
전국노래자랑을 한다
풍차가 사회를 본다
햇살과 손잡고
노래 따라 부르는 윤슬
소리 없는 함성이다
부교 위를 걷는 바람
막대풍선을 들고 춤을 춘다
찰랑거리는 물결도
흥겨운 표정으로 스텝을 밟는다
힐링이다

금테와 은퇴

토담집 봉창문 너머
쏴~하게 흩날리는 개울물 소리
공중부양하는 산새소리 휘어져 오른다

바람은
갯버들 이파리와 통성명하며
운명의 겉 봉지에
찍어 놓은 유효기간
현실로 꽉 채운
정년의 공직 벗어 내려놓으니
하늬바람 껴안은 민들레 솜털씨다

굽잇길 능선을 지나
새콤달콤한 노을길
양지를 향해 새로이 화두를 일으킨다

도토리묵

탱글탱글한 가슴이 출렁거리는
도토리묵
산비탈 구르던 표정으로 쳐다본다

포옹하려던
쇠젓가락을 외면하던 도토리묵
나무젓가락은 뭐가 좋은지
수줍은 듯 실눈 내리깔고
갈색 미소를 지으며 안기어 간다

마음이 통하면 꼼짝 못 하는가 보다
너도 그랬지

바람의 흔적

몇 해 비워두었던 시골집
감나무 가지에서
박새가 허공 끝자락을 흔들고 있다

기다리다 울어버린 눈물 자국처럼
갈라진 마당 틈새로
달맞이꽃 줄기가 우두커니 늘어섰다
오랜 기다림에 삭아지고
바람에 뜯겨진 헛간 나무 문짝
끈 풀어져 입 벌린 낡은 군화 속에
참새가 집을 지었다
실눈 뜨고 먹이 기다리는 새끼
노란 입술에 하얀 허기 흔들고 있다
보금자리 들키고 싶지 않은 어미

옆집 지붕 빙빙 몇 바퀴 돌아
늘어진 바람을 물고
돌담 위에 앉아 두리번거리고 있다

겨울 숲

무성하던 이파리
떨구어 내려 휑하지만
거웃인 듯 빽빽한 잎새에 가려
지척에 스치면서도 외면하던
곤줄박이 눈빛 마주할 수 있어 좋다

밤이면 넉넉한 하늘 사이로
건반 치는
별빛 함께 할 수 있어 좋고
까치발 하지 않아도
물렁거리는 바위 위에 앉아
먼 산 능선
솔바람과 얘기 나눌 수 있어 좋다

이파리 무성할 때 보이지 않던
네가 보이고 내가 보인다
떨구어 내린 공간 사이로
따스한 시선 빈 햇살 한줄기 걸어 놓는다

명상

햇살이 내려앉아 졸고 있는
한가한 정원 잔디밭
보기도 좋고 거닐기도 좋다

토끼풀이며 제비꽃이며
잡풀들이 평온한 생각을 흔든다
내 마음 밭인들
어찌 잡심이 솟지 않겠는가

잔디밭 잡풀은
쇠 호미로 뽑을 수 있지만
마음밭 잡풀은
고요한 명상 호미로 가꾼다

난향을 위하여

그냥 두세요
난 뿌리는 헐렁한
마사토 사잇길로 마실을 잘 다닙니다

물기 꺼실할 때
이파리는
고요를 마시며 사색을 줍는 시간입니다
그냥 두세요
잎이 휘어졌다고 함부로 꺾어내지 마세요
뿌리가 튼실하면 언젠가 기도가 되니까요

구겨진 갈피 속 스며드는 물길처럼
낮아지듯 손 내밀고
행간으로 품어야
오래오래 향기가 되는 것 알게 될 거니까요

해거름 장터

시골 장터 대추나무 마른 가지 사이
부러진 거미줄이 두리번거린다

나방도 하루살이도 날개 주지 않고
바람만 스친다
장날이면 찾아오는 마당골 할머니
가슴 헤지고
너덜거리는 거미줄처럼
색 바랜 플라스틱 푸성귀 소쿠리
늘어놓는다
해거름녘 오가는 발자국들
눈 맞춰 보지만 허기만 스칠 뿐이다

따라온 강아지
배고프다고 할머니 손등을 핥고 있다

고로쇠의 추억

발길 닿는 길목
늙은 고로쇠나무 허리 둥치쯤
굵은 굴착이 속살을 파고들었다
가까이에서 보니
파고든 것이 아니라
붉은 영혼이 애환을 품어버렸다

숨 막히는 고통
고로쇠는 사투리로 신음했다
천이天耳에게는
구원할 마음길조차 외면한 핑계였다
아픔도 바람 따라 삭아지기에
달착지근한 체액을 고난처럼 흘린다

불개미는 입 벌린
축축한 구멍 속으로 늦은 봄을 넣는다
아물 때까지 허허롭다

돌담

흩어져 있는 돌은 그냥 돌멩이다
모양도 무게도 생각도 다르지만
서로 깎고 맞추고 보듬으니
바람도 얕보지 못하는
밀감밭 돌담 울타리가 되었다

꿈을 포갠 돌담
목이 긴 담쟁이가
돌 틈 사이로 타고 오르는
낯선 사다리가 되어주기도 한다
때로는
밭주인 김 영감이 담벼락 뿌리에
달콤한 오줌을 누는 날이면
개미 더듬이가 분주하게 횡재를 하기도 한다

주머니 비우기

주머니 비우러 간다
하늘을 향해
성전인 듯 곧게 두 손 모은
오래된 편백나무 숲길 걷는다
올라갈 때도 내려올 때도
휴지통이 보이지 않는다

주머니 속 번뇌 버릴 곳이 없다
차마
숲 속 아무 데나 버리지 못하고
기웃거리다 돌아와
아직도 비우지 못한 주머니다

단디 해라

간이역에 멈추어선 기차
차장이 흔드는
깃발 소리가 출발 신호다

기차 소리가
유치원 정문을 들어서니
아버지는 깃발을 흔들며
출발이라고 하신다
대학교 간판을 두드리니
시작이라고 하신다
결혼식장을 나서니
이제 진짜 출발이라고 하신다
녹록하지 않은 장거리 여행
기우인 듯
잘 살아가라는 간절함이다

아버지는
언제 또 깃발을 흔드실까

바람따라 나서고 싶다

바람을 묶은 밧줄은 굵지가 않다
호숫가 낡고 작은 목선
물안개 짙은 갈대숲을 흔들고 있다

물 새지 않을 때는
꿈인 듯 늘 둥둥 떠 있을 줄 알았다
갈라진 나무 갑판 사이로
무거운 바람이 일으킨 물결
울컥울컥 스며든다

못 본 체 그냥 두면 서러워진다
뒤집어 말리고 파랗게 칠하면
아직은 희망이다
물 새지 않으면
밧줄 풀고 바람따라 나서고 싶다

요양병원을 나서고 싶다
창가에 멈춰 선 휠체어
고요한 시선은
석양길 떠가는 화사한 구름 바라다본다

오늘이 좋다

시골 이차선 아스팔트길
사방은 산이다
가을걷이가 끝난 논밭 그루터기들
동글동글한 눈으로 마모되어 가는
하루를 줍고 있다

저녁 종소리 같은 소슬바람
낯선 길 뒹굴다가
지치고 상처받은
낙엽들 쓰다듬으며 위로한다

쉬운 게 없는 세상
어제도 내일도 외면하지만
지금 가까이에서
걱정하지 말라고
힘내라고
눈길 마주하며
어깨 토닥여 주는 오늘이 좋다

수세미 줄기

돌 공장 옆 살구나무 가지에
노란 모자를 쓴 박 부장이 타고 오른다

건들바람에 흔들리던 덩굴손
널브러진 가지에 손가락이 닿는다
거래처를 만난 듯 덥석 껴안아 보지만
세상은 알 수가 없다
때로는 눈뜨고도 삭은 가지 붙잡아
한낮 빈 소주병 두드리기도 한다

식솔들 밥줄은 부러뜨릴 수 없어
살아있는 가지인지 심장 소리 두드려 본다
수세미 줄기가 나뭇가지를 껴안는다는 것
허기진 밥그릇에 밥을 부어가는 것
녹슨 뿌리에 사랑을 채워가는 것이다

돌 공장 옆 살구나무 가지에
노란 모자를 쓴 박 부장이 타고 오른다

닮았으면 고만 가라

남편은 화장실에 가면 두루마리가
안쪽에서 빠지도록 걸어놓고
아내는 바깥쪽에서 빠지도록 걸어놓는다

볼일을 마치고
다른 방향으로 걸려있으면
습관처럼 돌려 걸어놓고 나온다
남편도 마찬가지다
휴지 체위가 바뀌는 횟수 따라
서로 언성이 점점 더 굵어진다
휴지걸이 하나 안 맞는데
험한 세상 어떻게 함께 살아갈는지
까맣게 탄 불면에
헤어진 이웃 신혼부부 소식이 온다

쭈그러진 양은냄비가 미소 지으며
경전처럼 득도 한 말씀이다

"일 보고 닦았으면 고만 가라"
이명인 듯 그 말씀 듣고 나서
방향이 달라도 그러려니 닦고는 고만 나온다
지금은 부부가 두루마리처럼 술술 잘 풀린다

서종석 시집

둥근 여백

3부

몽환 속 클래식

찰나 속에서 갓 끌어올린
불가사리 같은 별이
한낮 지붕에 떨어진다
움푹 패인 건장한 지붕을
털털거리는 녹슨 트럭에 싣고
뒤에는 풋풋한 나뭇가지를 매단 채
포장되지 않은 황톳길을 달린다
앞만 보고 끌려가던 가지에서
푸른 연기가 쌓이는 절박한 소리가 난다
몽환 속 흙먼지는 공중을 떠돌며
햇살이 말라가듯 신열이 난다
바오밥나무 아래 멈춰 선 트럭은
가쁜 숨소리 벗어놓고 여유 한 잔 마신다
지켜보던 까무스레한 아이들
곱슬한 웃음소리에 앞니가 더 희게 보인다
찰랑거리며 소유가 다른 자갈 구르는 선율
되돌이 음표를 밟으며 맛있는 춤을 춘다

노을길 위에

곱게 나이 든 두꺼비 한 마리
허공에 걸어둔 여행 가방을 챙겨
비 오는 날 어슬렁거리며 길가로 내려선다

택시를 타고
빈 손가락으로 가리키는 먼 산 너머
정갈한 바위 아래 요양원 가는 길이다
세상 파도에 둔하게 엉금거리며
바람 따라온 마모된 시간이 꽂지는 자리다

휘어져 굽은 산길 넘어가며
아쉽고 그리움 묻은 지난 잔상들
힘들고 아픈 흔적들
비틀거리며 흘러내리는 유리창 빗물에
한 움큼 한 움큼 씻어 보낸다

고맙네
조심해서 잘 가시게
울룩불룩한 흑갈색 등짝에서
마지막 젖은 택시비를 꺼내 건넨다

등 굽고 힘없는 내 어미인 듯 부축해
내려드리고 돌아서는 바람은
먼 하늘 쳐다보며 참았던 눈물 울컥거린다

모두가
되돌아가지 못할 한 조각 구름인 것을

어미 생각

길 떠난 배내골
도토리나무 아래 평상
가스 불판 위에
삼겹살 등짝이 노릿하다

어미 고양이와 새끼 고양이
멀찌감치에서
입술 사이 흐르는 진액
혀끝을 굽혀 둥글게 닦고 있다

불판 닦은 비계 몇 점 던져준다
새끼는
한 점 허기를 채운다
어미는
바위 틈새 누운 늙은 어미 생각에
한 점 물고 뛰고 있다

그리움

바람결에
묻어온 장미꽃 향기

추억 속
그때 그 향기다

꿈에서
슬쩍 나타난 모습

그때 그 모습이다

하늘을 보니
이별이 너무 멀리 와 버렸다

풍선 애상

쓸개는 냉장고에 빼 두고
메마른 대문을 밀고 나서는 풍선인형이다

오색천 묶음이 불면처럼 펄럭이면
심장에 바람이 끓어오른다
움츠리며 자빠질 듯 절하다가
부풀면 실성한 듯 히죽거리다가
듬성한 이빨 보이며 웃는다
그래야
기다리는 피붙이들
빠듯한 눈망울 세울 수 있다
인적 끊어지고 불빛 빠지면
실금 간 관절을 접고 엎드린다
쑤신 뼈마디가 썩은 이빨만큼 아프다
밤새 슴벅거리다가
날이 밝아지면 어제처럼
아랫도리 바들거리며 허공을 짚고 선다

누구나 가슴앓이 하나쯤
묻어두고 사는 듯
태연한 미소로 지나치는 시선들 손짓해 부른다

첫사랑

배롱나무꽃이 피면
별빛 사이로 첫사랑 만날 수 있다

그때
그 통증에 바닥을 뒹구느라
일곱 살 배기
해진 옷도 챙겨주지 못하고
다독이지도 못하고 그냥 이별했다

꽃 송아리 불그레 해지면
아쉬움에
못다 나눈 정이 고파
눈가에
따스한 물 주르르 흘리시며
별에서 잰걸음으로 오실 엄마
속으로 불러도 울컥거려
차마 소리내어 부르지 못한다

장자골 무등 능선 아래
배롱나무꽃이 피었다
어디쯤 오고 계시는지
먼발치
재넘이 타고 발자국 소리 들린다

흔들리는 바람꽃

손잡이가 반질거리는 리어카
철제 난간에 매달린 빈병 마대들
고무줄로 묶은 파지들이 불룩거린다

어미 산새 습관처럼
종이박스 하나 더 주울세라
첫새벽 판잣집 나선 팔순 영감님
뺑소니차에 돌아가신지
내일이면 보름이다

고물상에서 지폐 받아 할멈 손에
꼬옥 쥐여 주시던 영감님이다
세월에 늘어진 젖가슴처럼
흔들리는 바람꽃

해가 지면 더 보고 싶다고
따라갈 거라고 삐죽거리며
입술 파르르 떨고 있는 연지댁 할머니

말라버린 눈가에 한 줄기 두 줄기
눈물이 미끄러져 흐른다

금귤 이파리

물비늘 낚고 있는
작은 배들이 내려다 보인다
창가 화분에는 잠을 깬
금귤 열매가 햇살에 분주하다

푸른 이파리 슬몃 잡아당기니
아프다는 소리에 엄지와 검지를 놓는다
누런빛에 지친 이파리 슬쩍 당기니
툭 떨어지며 아쉬운 모습 울먹거린다
아직
햇살 따라 여린 씨방 키워가야 하는데
벌써 헤어져야 하는 시간이다
알 수 없는 귀천歸天이
금귤 이파리뿐이겠는가
길 건너 박 씨 아저씨도
간밤 하늘이 슬쩍 당겨 떨어졌단다
이유 없는 이유를 어찌 묻겠는가

금귤 이파리와 줄기 사이가 푸르다
영원할 것 같은 착각 속
하루가 설레이며 더 소중하게 다가온다

구름 가는 길

길이 없는 길
구름 가는 길이다

채우고 비워가는
미로의 길이다
바람 따라 흘러
하늘에서 걷다가
허공에 걸터앉는다

때로는
외로움처럼
능선 치맛자락 당기며
산마루 허리 휘감는다

다 ~ 두고 갈 건데
어찌 가슴을 파고드는지

멸치의 꿈

집어등이 달빛인 양 모여
깔깔거리며 만찬을 즐기고
출렁이는 너울 따라 수다를 떨기도 한다

어둠이 부러질 즈음
촘촘한 그물코에 머리가 끼지 않고
온전하게 상륙한 것만으로도 다행이다
한낮, 갯내음 품은
채반 위에 구부러진 바다가 누워
뜬구름 헤아리며 말라가는 동안
까무스레한 얼굴
최 선장 밥숟가락은
굵은 걸음으로 입을 오르내린다

마른 멸치는 밤이면
해맑은 은빛 그리움 잊을 수 없어
촉촉한 바다로 돌아가는 꿈을 꾸며 잠꼬대한다

시락국

한낮 추자골 덕장
무청이 바람에 옷고름을 풀고
꾸덕꾸덕 말라간다
세상모르는 여린 속잎
갈증에
흙 묻은 속치마 당기며
물 달라 보챈다

질긴 애욕의 껍질 벗어 놓고
김이 모락거리는 갓 떠낸 시락국
허리에 공사장 못 주머니 찬
구릿빛 중년 아저씨
혀가 데일 시락국 한 모금 마시고
시원하다고 고개를 젖힌다
얼마나 까맣게 속이 탔으면
뜨거운 국물이 저렇게 시원할까

껄 껄 껄

오후 두 시 반 홍콩행 비행기
탑승구를 지나 날개 쪽 창가에 앉는다
봄 햇살에 샤워를 마친 파리 두 마리
날개 위에서 진홍색 밀어를 나눈다
말로만 듣던
홍콩을 가볼 거라고 몸을 풀고 있다
창문을 두드려도 아랑곳없다
관제탑은 이륙 신호다
거세지는 바람에 몽롱한 눈을 감고
이음새 머리채를 움켜쥔 채
뻗은 다리를 부르르 떤다
괴성이다
산이 착각처럼 내려다보일 즈음
손목에 힘이 빠져
왈츠곡 마무리 여운이 된다
홍콩을 거쳐 지구 밖으로 나선다
낮달에게 물어나 볼 걸
두드릴 때 돌아나 볼 걸

길 따라 구름 따라

창공 헤쳐가는 기러기떼
굽은 등뼈에
힘든 여행이지만
깃털 가벼운 날도 많다

끼럭끼럭이며 나누는 인사
서로에게 건네는 위로
힘이 되는 언시言施다

거센 바람 헤쳐가는 선두
서로 교대해 주는 배려
대열을 멀리 이끄는 심시心施다

단잠을 자야 하지만 돌아가며
무리를 지키는 파수꾼
내일을 위한 등댓불 신시身施다

기러기는 날면서
노을 묻은 구름 발자국 보며 배운다

겨울바람에
새벽길 떠나는 갈대밭 기러기떼
서걱거리는 군무로
후두둑 허공을 딛고 날아오른다

산책길 풍경

산새는
잎새 사이 부서져 내리는
햇살을 쪼며 오후를 손질한다

검은 머리 희끗거리면
추억을 먹고 산다며
헐렁한 바람 하나
둘러메고
도란도란 흙 밟는 산책길

손잡고 걷는
빨간 뒷모습이
하얀 실바람 걸친
붉은 코스모스 알몸같다

조약돌

강바닥 물살에
덜컹거리며 구르는 조약돌
세파에
찢기고 마모되어도
묵연하게
한 바퀴 더 구를 뿐이다

강바람 살여울
이끼 낀 바닥 구르며
모난 자존심 귀퉁이
깎아지고 베어지며 둥글어진다
크기는 달라도
오래도록 오순도순
부대끼며 묵주알 닮아가는 것이다

단색화 단상

사각진 방충망 위에 붓질이 퍼덕인다
칠하고 뿌리고 말리며 숨결이 흐른다

금상 라벨이 붙어있는 단색화
멀리서 보면 단색이지만
가까이 보면 덧칠 속 밑그림 사연 속에는
방향이 다르고 결이 다른 파동이 흥건하다
가만히 눈으로 곱씹으며 맛을 본다
쌉스레한 애환 색깔도 농익은 입맞춤 빛깔도
노릿하게 잘 마른 누룽지 씹는 맛이다
화폭 세로로 휘어지는 굵은 골주름 사이로
석양을 썰어 넣어 숙성시켰으니 감칠맛이다
겨울이 추울수록
짙은 초록이 온다는 것을 아는 사슴
캔버스 뒤에 누워
수선화 향이 묻은 바람을 되새김질한다

노을길 위에

눈길이 머문 단색화

온화한 표정에 워낭소리처럼 걸어가고 있다

산비탈 돌 틈에

골바람 휘돌아도 참나리는
긴 꽃대궁 세우며
대낮 산마루 비추는 가로등이다

가냘프게 매달린
꽃술은 땅을 내려다보고 있지만
구불거리는 산길 지켜주는 호롱불이다
아랫도리가 살아있음을 알리듯
줄기와 잎새 사이 보듬은 진갈색 불알
말없이 스치는 바람을 곁눈으로 보고 있다

어차피 쉬었다 가는 것
벌 나비 소풍처럼 질펀하게 쉬어가라며
주근깨 꽃잎은 뒷짐 지고 먼 산 바라보고 있다

4부

엔젤트럼펫

한낮에는
긴 나팔 속에 햇살을 다져 넣어
우려낸 향기의 맛이 어떤 것인지
진수를 보여준다

해가 지면
실눈 감은 천사가 고개를 숙인다
무겁게 버텨온 세월
갈 때는
혼자 가야 한다는 바람 소리에
움켜쥔 그림자 만지작거린다

천사의 나팔
입술이 맞닿는 곳은 좁지만
돌고 돌아
나팔 끝이 낯설게 넓어지며
화두가 화음으로 풀리어 간다

유빙이 걷는다

페리토 모레노 빙하는
신성한 전당에 기도하는
한 폭 벽화다
빙벽 사이를 녹아 흐르며
억겁을 내려놓고 심장을 식힌다

푸르도록 하얀 모습
바람이 되고
꿈이 되어 영원히 머물고 싶지만
굉음으로 삭아 떨어진 유빙은
아르헨티노 호수를 밀고 간다
물개가 앉았던 엉덩이 자리
펭귄이 알을 품던 숨결 자리
빛과 소리 스치며 시간이 깨어진 자리
하늘색 고요를 마시며 한 줌씩 녹아
시린 속살 너머 그리움 되어 걸어간다

멀리서 퍼져오는
노을 속 비취색 트럼펫 소리
이별이 아니라
물이 되어
피오르에서 다시 만날 기다림을 줍고 있다

지문인식 자물쇠

눈썹달처럼
굽어지고 경사진 산길
바위 틈새 하얀 별꽃 한 송이
사랑에 찔려 기다림이 깊다

먼발치 바람결 걸음 소리에
창문을 열고 빼꼼히 내다본다
외롭느냐고 물으니 고개를 가로젓는다
내려오는 길
머뭇거리는 눈빛 마주쳐
어깨 쓰다듬으며 외로우냐고
또 물어본다
고백하듯 여린 꽃대 끄덕인다

빗장처럼 외면했으면
한 생각 잠겼을 것을
별꽃도 지문을 인색하니 가슴을 연다

풀숲 향기

노루는 마른 풀숲에서 바람을 찾고 있다
인기척에 놀란 노루
서툰 색소폰 소리처럼 뛰다가
망개나무 덩굴 옆에 멈칫거리며 선다

해거름 나뭇가지 그림자 어슴푸레하다
얼마나 더 아파야 찾을 수 있을지
어미는 붉은 갈증
말라버린 숨소리에 계곡 물소리 찾는다

총소리에 흩어진 새끼
산새가 물어다 준 바람소리 마시며
계곡 물가에 엎드려 있다
어미는 부러진 새끼 발목 통증을 핥는다

까만 눈동자에서
신음처럼 애잔한 물방울이 흐른다
괜찮아 내가 감싸줄게
서로 바라보는 눈빛이 풀숲 향기를 닮았다

알람 소리

때를 놓치지 말라는 소리다
입춘에 맞추어 놓은 알람
나뭇가지에서
움트는 소리가 알람 소리다

창공을 나는 철새도
가슴에
알람 하나 품고 날아간다

눈뜨고 잠을 자는 목어
빈 뱃속 두드리는
알람 소리
틀에서 깨어나라는 우주 소리다

좋은 꿈이다

무논에서 놀던 줄무늬 개구리
핑크색 뜬소문 듣고 수양버들
그늘 드리운 돌우물에 다이빙이다

달빛이 부러져 흔들거리면
불면처럼 자줏빛 꿈이 스멀거린다
뱀 입에서 겨우 벗어나
식은땀 흘리며 꿈을 깨기도 하고
하늘에 걸쳐놓은 두레박 줄이
사다리인 양 타고 오르기도 한다
놀기 바빠 참았던 오줌
부르르 떨면서 시원하게 누고
꿈을 깨면 이불이 축축하기도 하고
우물을 벗어나려
까치 따라 공중부양하는 꿈을 꾸기도 한다

간절한 소망이 불룩거리는 줄무늬 개구리
좋은 꿈이라 우물을 벗어날 수 있겠다
꿈보다 해몽이 좋다

유리창을 닦다

유리 창문에
얼룩 때가 끼어
창밖이 얼룩거리고 흐릿하다
구부러져 누운 것이
새끼줄인지 뱀인지조차 헷갈린다

창문을 닦는다
세상이
있는 그대로 보인다
어찌
내 마음 창인들 때가 끼지 않겠는가

머뭇거리다

소슬바람에 매달린
둥근 가을이
바스락거리며 머뭇거린다

여름 지나며
굵은 비바람에도
바닥에 쓰러지지 않고
고개 숙인 벼 낟알이 머뭇거린다

몇 잎 남아
벌레 먹고 붉어진 담쟁이 이파리
아직 전하지 못한 말이 남아
그리움인 듯
떠가는 구름 한 점 붙들고 머뭇거린다

창 너머 귀뚜라미 소리
저만치 겨울바람 곁으로 가다가
고맙다는 말 대신
뒤돌아보고 손 흔들며 머뭇거린다

봄과 민들레 약속

우리
처음 만난 그때처럼
따스한 마음으로 행복합시다

우리
처음 만난 그 순간처럼
변함없이 사랑합시다

세월 흘러
노랗게 익은 바람 불어오면
지난 그 자리 돌아보며
잘 살아왔노라고

내년에도
또 만나자고 약속하며 살아갑시다

낙엽의 그림자

추성계곡 너럭바위 휘돌아
바쁘지 않게 흐르는 물 위에
마른 낙엽 한 움큼 흩뿌린다

오가는 돌개바람에
맴돌다 흐르기도 하고
눈시울 불그레 벌레 먹은 이별
껴안고 토닥이며
떠가는 아쉬움 손짓하기도 한다

멀리서 보면 아름답지만
가까이에서 보면
상처 없는 낙엽 있으랴

계곡에서
강에서 치유하지 못한 아픔들
퍼렇게 멍이 든 바다
하얀 파도로 문지르며
씻고 털고 구름에 걸쳐 말리고 있다

결단의 시간

쥐를 무서워하는 고양이
연못가
해그림자 머문
얇은 얼음장 아래
잉어 눈길에 허기진 혀를 굴린다

굵은 금잉어 눈망울이 한가롭다
낮은 자세로 솜 위를 걷듯
살그미 접근한다
마하 속도로 할퀴어 덮쳐 보지만
발톱은 얼음장 바닥을 긁고 만다
미끈거리는 세상
마음대로 안 된다는 듯
고개를 갸우뚱거리며 물러선다

쥐라도 잡으러 가야겠다고
돌아서는데
풀숲에서 쥐와 눈이 마주친다
서로 노려보며 꼬리를 부르르 떨고 있다

옹달샘

너를
사랑한다고
내 사랑이 줄어들지 않듯
퍼내고
또 퍼내어도 마르지 않는다

너를
칭찬한다고
내 칭찬이 줄어들지 않듯
한잔 떠 주고
또 떠주어도 마르지 않는다

너에게
미소 지어준다고
내 미소가 줄어들지 않듯
오랜 가뭄에도 마른 적 없다

향목 가꾸기

묵은 향나무
가지 사이 채색이 우중충하다
마른 가지부터 날린다

마른 줄 모르는 마른 가지
무딘 전지가위에 손사래 친다
마르는 것은 순서가 없다
속 잔가지가 이파리에 가려
생각이 햇빛을 보지 못했는지
벌레가 허리에 구멍을 냈는지
어쨌거나
뻣뻣한 듯 삐죽하고
물기 잃어 삭막하게 잎이 말랐다

어쩔 수 없다
말라버린 가지들 솎아낸다
흐려져 가라앉았던 그림
향나무 화폭이 화사하고 향기가 푸르다

흑백 사진

50년대 후반 생사의 갈림길
화약 내음이 공중에 흥건하다
장자골 산모랭이를 돌아
터널을 빠져나온 기차는 기적을 뿌린다

마을 앞을 지날 즈음
입대병은 차창 밖으로 고개를 내밀어
머리에 두른 붉은 수건을 풀어 흔들며
목청껏 "어무이" "아부지"를 외친다
살아서 다시 보지 못할 수 있다
스치는 자식 모습에
모시적삼
땅바닥에 풀썩 주저앉은 어무이는
애꿎은 흙바닥을 치며 통곡하신다
새벽이면
장독대 정화수 갈아 놓고 두 손 모은다

지금은 서쪽 하늘 별빛 속에
흑백 사진이 되어 함께 보고 계신다

호접난

눈을 뜬 화분
이끼가 바스락 거린다
가끔 손가락을 화분에 꽂아
가쁜 숨소리 들릴 즈음
물을 듬뿍 주고 토닥여 준다
시간을 먹고
꽃멍울 매단 꽃자루 솟는다

세상을 처음 보는 꽃대
바람이 뿌린
말머리 따라 휘어져 가고
햇살이 걷는
방향 따라 굽어져 간다
때로는 하늘 모양 정신 줄 덧대어
핏줄 같은 꽃대에 굵은 꽃송이 맺혔다
손끝에서 꽃 피는 소리가 들린다

선정禪定의 공간

새벽녘
멀리서 장닭 우는소리
안식처럼 품 곁에 와 눕는다
솔가지 너머 산새들
소소한 일상 나누는 소리
평온한 귓가에 내려앉는다

구름 한 점
맨발로 가을 하늘을 걷는다
갈바람에
강이 되어 흐르는 억새꽃
마음 한 자락
허공에 걸어놓고 경계를 넘나든다

눈을 감고
더 깊은 하늘을 들여다본다

홍매화

영축산 무풍지대 천년 소나무길
봄 개울물 손짓에
첫 순정처럼 붉어지는 꽃이다

어루만지는 봄바람 손길에
오돌하게 부푸는 젖꼭지처럼
볼록거리며 커지는 꽃망울이다
시린 바람 견뎌온
입술 다문 속살에서
따스하게
굽어 피는 은밀한 향기다

찰칵거리는 셔터 눈빛에
가냘픈 꽃술 보이며
햇살에 걸터앉아
기다린 듯 빠알간 포즈를 취한다

송학산 삐비꽃

갯바람 타고
눈부신
바다를 내려다보며
양탄자처럼
일렁이는 삐비꽃

봉긋한 젖가슴
언덕배기 베고 누워
그물에 걸린
하얀 바람 한 점 품는다

얼마나 더 닦아야
저 순박한 모습 닮을까

서종석 시집

둥근여백

5부

그말이 그말이구나

참매미는 칠흑 속에서
칠 년 수행을 마치고
숙자 언니 원피스 등 뒤
자크 틈새로 알몸처럼 헐떡거리며
진땀 거둔 불끈한 모습 드러낸다
갓 지은 빳빳한 모시 가사袈裟 갈아입고
법단에 올라 법문 죽비를 친다

마음 매음 마음~
마음 매음 마음~ 설법 전부다
평생 수행에 그 한마디 깨달았다
싱겁지만
밥값은 해야 하기에
쉬어가며 같은 말 반복 또 반복이다
마음 매음 마음~~
세상사 마음먹기에 달렸다는 말이구나

쇠똥구리

쇠똥구리가 거꾸로 서서
뒷발에 힘을 주고
차지고 야무진 지구를
힘들게 굴리고 간다

적당히
푹신한 듯 허술해 보이고
조금은
헐렁한 듯 빈 공간을 두어야
덜 힘들게 굴려 갈 것인데

밥을 굴리고
비 맞지 않을 집을 굴린다
휘파람 불며
구수한 쇠똥 냄새를 굴린다

치자꽃 향기

붉게 흘러내리는 칠월의 열기
하얀 알몸으로
치자꽃 꽃잎은 햇살을 핥아 삼킵니다
가지에 맺힌
샛노란 채색을 꿈꾸며
씨방 하나 곱게 다듬어 내립니다

오늘이 처음인 듯 설레며
마지막인 듯 망설이지 않고
환상곡 선율로
아릿한 향기를 성수로 뿌립니다
우윳빛 소망으로 피었다가
노릿한 환희처럼 지는
그대 향기
짙은 그리움인 듯 가슴에 걸어둡니다

앉은 자리 꽃자리

파도가 오르지 못한
깎아진 절벽 중간
침묵처럼 걸터 누운 구붓한 소나무

뿌리는
찢어진 바위를 껴안고 졸지만
떨어진 씨앗 자리가
꽃자리라고 주문 외운다
모진 갯바람에 찔려
잎 떨어지고
가지 부러져도 서러워하지 않는다
이끼 낀 새벽이슬
소금에 절여 며칠을 삼켜도
그 세월이 힘이 되고 희망이 되었다

스치는 갈매기 눈빛
지나는 뱃고동 소리에
잘 지내고 있다고 손 흔들며 안부 전한다

고추잠자리

빈 빨랫줄에
고추잠자리 한 마리 앉아
거미줄 같은 생각에 빠졌다

입을 옴지락거리며
고개를 갸웃거린다
훅 잡은 날개
궁금한 것이 무어냐고 묻는다
어떻게 살아야
잘 익은 가을 구름처럼 살 것인지
답을 찾을 수 없다고 발버둥이다

그래
그냥 날려 보내 줄 테니
죽다가 다시 살아난 듯
크게 멀리 생각해 보라며
하늘로
훅 날려 보낸다

엽록소

푸른 이파리 숨결 소리는
은하를 횡단하는 파동이다

그 혼불은
거룩한 열기로 환원하여
살아있는 것들을 살리고
손잡은 고리의 경계를 허문다

간간이
서로의 안부를 물으며
햇살과 물과 바람을 포장하여
갈무리하고 경이를 쓰다듬는다

신의 은총이다
지구를 받쳐 든 지렛대다
푸르름이 지천으로 허허로워
잊혀진 듯 그대는 생명의 새암이다

관계의 맛

기둥과 기둥사이
묘한 맛은 싱겁지만 짭짤하다
◺
◗
?
◖
◹
!
∨
세월이 알게 되니까
◗
◹
◖
◺
다행히 함께 웃을 수 있으니
좋지 않은가

숲길

일행 모두는
쫀득한 햇살 베어 먹으며
숲을 찾아간다

밤골로 이어지는 길
귀띔으로 듣고 가는 길이다
풀잎이 휘어져 누운
손짓이나 눈길조차 알 수 없는 길이다
눈을 감은 것도 아닌데
낭떠러지에 서너 번 떨어진다
그래도 흙밭에 엎드려
어둠의 속살과 눈 맞추지 않고
절벽을 기어오른다
손톱 부스러기가 바람에 날린다

길이 열린 숲길
들어가는 곳도 나가는 곳도
그냥 따라가는지도 모른다

이 길이 어떤 길인지
길이 아닌지도 모르고
길이라 우기며 마주 보고 웃기도 한다
걸어가면 길이다

잔소리

차 조심하라는 소리
잔소리가 아니다
당신을 오래
곁에 두고 싶다는 말이다

입을 복되게 하라는 소리
잔소리가 아니다
서로 토라지지 않고 오래
곁에 두고 싶다는 말이다

둘이라는 것

하나보다 둘이 낫습니다
바닥에 떨어뜨린 젓가락
바꿔봐도 비슷한 젓가락입니다

출렁이는 바람 한 점 건져
살붙이와 함께 오물거리는 과정
그 흔한 사랑이
뽀글거리며 발효되어
깊은 맛 정으로 익어가는 과정
그렇게 그렇게

찔레꽃처럼 피어나는
하얀 머리칼 애써 감춰가며
바람에 꿈결 흩날려 가는 과정입니다

겨울이 떠나며

겨울이 떠나며
흘리고 간 봄
땅에 떨어진 물이
빗물이 아니라 봄이더군요

꽃망울 터트리는
붉은 소리 꺾어
깨물어보니 봄맛이더군요

겨울이 떠나며
버리고 간 봄
양지쪽 마른 풀잎 사이
새 쑥 잔풀나기 사랑이 싹 틉니다

시험에 안 나온다

오냐오냐
원하는 것 다 해줄게

길이 뭔지 어려움이 뭔지
시험에 안 나온다
기본이 뭔지 사람이 뭔지
시험에 안 나온다
저렇게
석양 뒹구는 모습
산 너머 뻔한 불 보며
게 등에 소금이 굴러 내린다
오이씨 긁으며
출산율 꼴찌라 부산스럽다

길이 길道을 넘었다
그것도 시험에 안 나온다

몰랐습니다

장수풍뎅이 수컷은
한 그루 나무에
뿌리와 줄기라는 것을
겨울이 부러진 뒤에야 알았습니다
장수풍뎅이 암컷은
하늘과 땅이라는 것을
여름이 부서진 뒤에야 알았습니다
수컷은
캄캄한 기억이 솟을 때면
바람에게 다 말하지 못하고
그냥 펑펑 흘리는
눈물 소리가 전부였습니다
암컷은
서러운 아픔들 허리에 두르고
먼 산 바라보며
혼자 훌쩍이는 것이 전부였습니다

새끼들은 너른 들판에서
아쉬움 없이 살게 하려 애쓴 달빛
늙은 수컷이 되어서야
고독한 달빛 껍데기를 알았습니다

너 잘못이 아니야

수미산 산비탈 오리나무 거목이
엎어져
속 뿌리 드러내 놓고 울고 있다

울지 마라
너 잘못이 아니야
그래도
그 퍼석거리는 경사판에서
바위산 흙 한 줌 움켜쥐고
이만큼
버텨온 너는 참 대단했어
희끗거리는 세월
너 한 몸 못 가눈다고
너 잘못이 아니야

괜찮아
이제 허리띠 풀고
바람과 노래하는 산새처럼 살자

기죽지 마라

안개가
햇살을 꿈꾸니
구름 되어 오르고

안개가
실비를 꿈꾸니
안개비 되어 흐른다

기죽지 마라

저렇게 아름다운
뭉게구름도
오늘 아침 산길에서
함께 걷던 안개였단다

여행 풍경

보이는 것이 전부가 아니다
여행길 보이는 것과 보이지 않는 것
오행 붓질이 길이 되고 한 폭 풍경이 된다

시린 바람 스쳐도
간절한 향기 사랑 꽃피우는 뿌리 깊은 매화
때맞춰 돋아 오른 튼실한 꽃망울 피고 있다
명숙님 인수 소영 은서 현제 은비 하준 하은
어깨 맞대어 둥글게 웃는 모습이 희망이다

가지 끝 낮은 듯
하늘을 향해 큰 꿈을 향해
나무와 숲 소망을 기도하며 가꾸어간다
늘 넉넉한 축복으로 감사가 머무는 걸음이다

一切唯心造

서종석 시집

둥근여백

해설

삶의 행보가 관조로 뒤척일 때 그린 언어

- 서종석 시인 시의 세계

정훈(문학평론가)

| 해설 |

삶의 행보가 관조로 뒤척일 때 그린 언어
- 서종석 시인 시의 세계

정훈(문학평론가)

시는 우주 자연과 인간의 삶 세계에서 나온다. 인간의 삶은 사유를 통한 존재로서 생명이 움직이고 활동하는 의미이다. 그 가운데서 성찰을 통해 삶의 방향을 음미해 보며 객관적 관조적 시야로 응시하고 새롭게 인식하며 정서와 감정 등을 언어로 표출하고 형상화하며 그려가는 한 편의 그림이다. 그래서 사소하게 보이는 대상이나 사람들의 모습 속에서도 곧잘 시의 소재로 사용한다. 시인은 자신을 비롯한 평범한 사람들이 흔히 놓치기 쉬운 마음자락을 끄집어내는 존재다. 시를 쓰고 있는 순간만큼은 자신의 모든 감각에 집중하며, 자신을 포함한 이 세계의 내적 심상과 외적 표징을 응시하는 사람이 시인이다.

이런 점에서 서종석 시인은 일상에서 일어나는 상념들과 자연 세계가 보여주는 심상과 표징 등을 응시하고 사유하며, 자신이 발 딛는 곳이 어디이고 삶을 어떻게 살아가야 하는지 오랜 세월 성찰을 통하여 일상에서 간과하기 쉬운 삶의 인식에 새롭고 깊은 맛을 더하는 시들이 많다. 여기에 일종의 '예술적 가치'를 더해 감성의 깊이와 맛이 깊어진다. 시는 문학예술의 한 분야로서 시인의 삶이 개입하는 장르이기도 하고 미적 패러다임 안에서 논의하는 경우도 많다. 시 자체로 분석할 경우에 주로 생기는 것이 이러한 가치관적 태도이다. 형식주의적인 작품해석에서 종종 벌어진다.

시에서 말하는 목소리가 시인의 목소리가 아니라 시적 화자의 목소리로 국한시키면서 그런 해석행위가 있기도 했다. 물론 시는 시고 시인은 시인이다. 우리가 이런 사실을 부정하는 것은 아니다. 다만 시에 잠재되어 있는 윤리적인 면모는 시인이 세상을 바라보는 어떤 시각과 견줄 때 시의 의미는 그만큼 분명해질 것이라 본다.

간밤
선녀가 벗어놓은 시스루 속옷 찾던
칠선계곡 물이 구른다

낮은 곳을 향하여 한 생각 떨어져
길을 내고 길 속에 또 길을 낸다
거품 위에 돌부처로 앉았다가
살아가며 흘린 부끄러운 얼룩들
모른 척 씻어 보낸다
때로는 가슴에 묻어 두었던
야위어진 속내

강물 눈시울이 잠잠할 때는
노을에 기대어 속으로 울기도 한다

바삭거리는 세상
부러지지 않고
촉촉함이 있어 살맛 나게 웃을 수 있다

―「물이 구른다」 전문

세상을 살아가면서 드러내 보이기 싫었던 희로애락의 속내가 낮은 곳으로 구르기만 하는 물을 바라보며 투명하게 내비친다. 계곡에 흐르는 물과 시인의 내밀한 심사가 합쳐져서 일종의 '눈뜸'의 사건을 겪었다고 볼 수 있다. "살아가며 흘린 부끄러운 얼룩들/ 모른 척 씻어 보내기도" 하고, "야위어진 속내/ 강물 눈시울이 잠잠할 때는/ 노을에 기대어 속으로 울기도"하는 나약한 인간의 감정이다. 하지만 "바삭거리는 세상/ 부러지지 않고/ 촉촉함이 있어 살맛 나게 웃을 수 있다"는 가치관은 어디에서 비롯했을까.

실상 시인이 바라본 계곡은 어느 산에나 있는 흔한 계곡이지만, 시인이 새롭게 발견한 마음의 계곡이기도 할 것이다. 실재하지만, 실재하지 않고 보이지 않는 마음의 한구석을 끄집어내어 세상과 자신을 관조하게끔 조력해 주는 매개요 객관적 상관물이기도 한 것이다.

물의 속성을 다시 한번 깨달으며 시인이 다졌던 마음의 결은, 마지막 연에서도 나타나듯이 부러지지 않고 촉촉함이 있어서 살맛이 난다는 가치관이다. 번잡하고 요란하게 세상을 논하거나 바둥거리지 않고 순리대로 흘러가는 물의 윤리를 시인은 터득했던 것이다. 이러한 윤리적 가치는 시인이 시를 쓰면서 줄곧 견지하고 있는 생활철학이라고도 볼 수 있다.

햇살이 내려앉아 졸고 있는
한가한 정원 잔디밭
보기도 좋고 거닐기도 좋다

토끼풀이며 제비꽃이며
잡풀들이 평온한 생각을 흔든다
내 마음 밭인들
어찌 잡심이 솟지 않겠는가

잔디밭 잡풀은
쇠 호미로 뽑을 수 있지만
마음밭 잡풀은
고요한 명상 호미로 가꾼다

–「명상」 전문

「명상」에서도 확인할 수 있듯이, 시인은 언제라도 "잡심"이 생길 수밖에 없는 인간의 마음을 고요히 가라앉히기 위해서 명상이 필요하다고 외치는 듯하다. 명상은 자기 자신을 바로 들여다보는 행위와도 같다. 현실에서 늘 그래왔던 것처럼 별 생각 없이 세상의 이치에 따라 살아가다 보면 자신의 마음을 들여다볼 시간적인 여유가 없기 마련이다.

그래서 세사(世事)에 휩쓸리면서 자신의 마음에 자란 온갖 잡동사니를 놓치고 만다. 하지만 시인도 말했듯이 "마음밭 잡풀은/ 고요한 명상 호미로 가꾼다"처럼, 마음밭에 듬성듬성 자란 온갖 감정들을 비우고 맑게 하기 위한 방편이 명상이라는 사실을 위 시를 통해 말하고 있다.

시란 이렇게 물처럼 흘러가는 인간의 마음속을 열어보면서 지금 이곳에 놓여 있는 스스로에게 방향을 타진하는 물음이기도 하다. 서종석 시인에게 시는 세상을 향한 응시이자 자신에게 묻는 솔직한 눈이다. 이런 자기 성찰로 하여금 시인과 시가 자리 잡은 자리를 둘러보게 된다. 명상이 고도의 정신수련법이라는 통념만 털어낸다면, 누구든 언제라도 홀로 침잠할 수 있다. 명상이 그리 멀리 있는 것은 아니다. 자신을 가만히 내버려 두는 것, 그래서 번잡한 마음결에 묻어 있는 관념과 고정관념의 티끌을 훑어내리는 일이 바로 명상이다.

명멸하는 시간의 흐름에서 인간은 자기 망각으로 허송세월을 보내기 일쑤다. 시는 그러한 청맹과니인 인간에게 경종을 울리는 잠언으로도 기능한다. 오래전부터 시인은 시간이 주는 덧없음과 공허에 주목해 왔다. 서종석 시인은 우리가 걸어가는 인생길에서 정작 중요한 것이 무엇인지 끊임없이 캐물었던 시인이라고 보인다. 물론 시인뿐만 아니라 현대를 살아가는 어느 누구라도 잠깐 자신을 돌아보며 시간에 대한 상념에 젖곤 한다.

시간은 사물과 현상에 변화를 가져다주기도 하고, 그러한 변화에서 얻게 되는 세계의 전말과 진실을 보여주기도 한다. 그런 의미에서 시간은 존재의 스승이기도 하다. 늘 지난 자리를 돌이켜보면서 회환에 젖는 동물이 인간이다. 하루하루 성실하게 살아가지만 시간이 가져다주는 것은 후회나 반성으로 가득 차 있다. 하지만 시간이 그런 면모를 보인다고 해서 늘 움츠리거나 왜소해지기만 해서도 안 된다는 사실 또한 우리는 잘 알고 있다.

시인들이 그동안 시간의 영역을 기웃거렸던 이유도 여기에 있을 것이다. 시간은 년수의 늙음이나 젊음 따위와는 또 다른 세계의 비밀을 엿보게 한다. 기억이나 추억도 시간을 전제로 해서만 발생한다. 시 뿐만 아니라 모든 글쓰기도 시간이라는 존재의 범주가 없다면 결코 이루어질 수 없다. 그러니까 시간은 존재의 근거이면서 토대다. 이런 사실은 우리가 시간을 아이러니한 방향과 시각으로 바라보고 있다는 사실을 반증한다. 다시 말해, 시간은 우리가 숨 쉬고 살아가고 있는 지금 이 순간만큼 자명한 것인데도, 인간은 시간에 대한 관념과 사상으로 지금 이곳에 서 있는 우리 자신을 괴롭히기도 하는 것이다. 존재를 존재이게끔 하는 원(原) 세계의 범주인 시간이 있기에 생명이 가능하지만, 생명을 지닌 우리 인간이 스스로 생명의 근거인 시간에 대한 아쉬움을 드러내는 것이다.

솔가지는 잔잔한 바람에
말없이 고개 끄덕이지만
호숫가 짙은 물안개 피어오르면
뿌연 아쉬움들
가슴 눅눅한 아픔들
솔잎 끝에 이슬처럼 맺혀
한 방울씩 눈물 떨구고 있더라

울지 마라
안개 오래가지 않는다
서로 사랑하며 헤아려 주며
오래도록 푸르게 살자
살아가는 것 거기서 거기더라

해가 뜨니
산새소리 구름소리에
청솔가지는 솔향기 짙어가는
가지 사이로 언뜻언뜻 보이는
하늘을 향해
눈물 자국 닦으며 햇살을 맞이하더라

–「시간이 머문 자리」 부분

소나무에서 얻는 시간에 대한 깨달음을 형상화한 시라고 할 수 있다. 특히 "울지 마라/ 안개 오래가지 않는다/ 서로 사랑하며 헤아려 주며/ 오래도록 푸르게 살자/ 살아가는 것 거기서 거기더라"에 보이는 일종의 달관의 마음에서 느낀다. 안개 오래가지 않는다는 표현은 무수한 형용으로 변용될 수 있다. 안개를 이슬로 바꿔어 불러도 마찬가지다. 이슬 같은 삶이라고 흔히들 말한다. 꽃향기도 마찬가지다.

식물이든 동물이든 이 세상에 난 모든 것들은 옷을 바꿔 가면서 스러지고 돋아난다. 그러니 이것이야말로 자연과 세계의 섭리요 이치니, "울지 마라" 다독이며 말하는 것이다. 시간은 흘러가는 것이라고 흔히들 말한다. 흘러가는 것의 시작점이 어디며 종착점이 어딘지 인간은 오래전부터 물어왔다. 수많은 사상가와 철학자들뿐만 아니라 시인도 그래왔다. 시간의 종착점이 어디인지 가늠이 되지 않기에 대개 비유나 상징으로 드러낼 수밖에 없었던 것이 시간이다.

인간이 끊임없이 궁구하고 캐물어도 시간은 비밀의 커튼에 가려져 있다. 어떤 이들은, 모르는 것은 모른 채로 두어야 한다고들 한다. 우리는 결국 모른 채로 이 세상을 지나간다. 알려고 노력해도 대상의 그림자만 잡을 뿐 실체를 헤아리기 힘든 것들이 비단 시간뿐이랴. 시간과 생명의 상관관계를 생각하면 아뜩하기만 하다. 그러니 눈에 보이는 현상을 현상 그대로 지켜보면서, 그 현상 뒤에 가물거리면서 작용하고 있는 듯한 '보이지 않는 것'들에 대한 가느다란 소식 하나쯤이라도 건지는 정도면 족할 것이다. 매사 일희일비하는 사람들일수록 눈에 보이는 현상에 연연하는 부류라고 보아야 한다. 시인은 그런 쓸데없는 감정 소모를 두고 타이른다. 저 산에 우뚝 솟은 나무들이나 풀들, 그리고 감정 없이 유유히 흐르고만 있는 강물이나 머물러 있어도 흔들리지 않는 바위 같은 것들에 주목하면, 생활에서 생겨나는 감정의 회오리에 벗어날 수 있지 않을까.

「시간이 머문 자리」는 그런 의미로까지 확장해서 읽을 수 있는 작품이다. 시인은 바라보는 자요, 그러한 응시를 통해 삶의 진실이 어디에 있는지 캐묻는 자이기도 하다. 해답은 묘연하지만 묻는 행위 자체는 인간만이 지니는 특별한 가치다. 세계가 시계바늘을 움직이는 장치처럼 정교한 메커니즘으로 짜여져 있다면 그런 물음조차 덧없다고 해야 할 것이다. 지금까지 아무도 몰랐으며, 앞으로도 영영 모를 이 세계와 인간에 대한 성찰은 그래서 더욱더 의미가 깊다고 보아야 한다. 인간은 결국 묻고 스스로 대답하는 과정을 통해서 성숙해지기 때문이다.

섣불리 단정하지 않으면서 늘 의심과 궁금증을 매단 채로 하루하루를 이어간다. 이러한 생명의 신비한 여정에서 자신은 타인과 세계가 어떤 속내와 표정으로 자신과 공시성(共時性)을 이루면서 병존하는지 생각해 보게 된다. 똑같은 환경과 조건에서 서로가 서로를 인식하는 과정은 다를 수밖에 없다. 만물 모두가 비슷해 보이지만 실상은 제각각 다른 생명의 혈통과 낯빛을 지니고 있다. 따라서 우리는 존재에 대한 성찰이 존재를 재단하는 인식의 칼질로 나아가지 않고, 오히려 존재를 재확인하는 인식의 풀무질로 나아가는 것이다.

한낮 추자골 덕장
무청이 바람에 옷고름을 풀고
꾸덕꾸덕 말라간다
세상 모르는 여린 속잎

갈증에
흙 묻는 속치마 당기며
물 달라 보챈다

질긴 애욕의 껍질 벗어 놓고
김이 모락거리는 갓 떠낸 시락국
허리에 공사장 못 주머니 찬
구릿빛 중년 아저씨
혀가 데일 시락국 한 모금 마시고
시원하다고 고개를 젓힌다
얼마나 까맣게 속이 탔으면
뜨거운 국물이 저렇게 시원할까

—「시락국」 전문

무청이 말라가면서 시락국이 되어가는 과정, 그 시락국을 먹고는 "시원하다고 고개를 젓히는" 공사장 목수인 듯한 인부를 떠올리며 쓴 시다. 시인은 "얼마나 까맣게 속이 탔으면/ 뜨거운 국물이 저렇게 시원할까" 자문한다. 뜨거운 것을 마시면서 시원하다고 말하는 사람들을 우리 주변에서 많이 보게 된다. 뜨거움이 시원함으로 변하는 지점에서 엿보이는 삶의 곡절을 들여다본다. 물론 쉽게 헤아릴 수 없는 삶의 다양한 질감들이 존재한다. 보이는 것이 전부가 아니라는 말은 위 시에서도 쉽게 끄집어낼 수가 있다.

시락국 한 그릇이 지니는 의미는 어찌 보면 단순하다. 맛깔스럽게 한 끼를 해결해 주는 음식이다. 음식은 누가, 어떤 상황에서, 어떤 자리에 놓이는가에 따라 그 의미가 표출하는 방식이 다양하다. 끼니는 때가 되어 어쩔 수 없이 먹는 음식이 있는 반면에, 어쩔 수 없이 때우는 끼니일지라도 그 짧은 시간에 자신의 전 생의 단면이 뚜렷해 보이는 경우도 있다. 위 시는 후자에 가깝다. 고단한 인생에서 숱한 역경을 거치거나 짊어지고 있는 한 남자의 입속에 들어가는 잘 익은 시락국 맛은 예사롭지 않다.

걸쭉하면서도 감칠맛을 자아내는 시원한 국 한 사발 들이키고는 다시 삶의 현장으로 묵묵히 들어가는 한 사내의 등을 짐작할 수 있다. 삶은 그렇게 뜨거운 것으로 다가오지만 결국 시원하게 삭혀버리고 또다시 길을 가는 나그네의 여정인 것이다.

유리 창문에
얼룩 때가 끼어
창밖이 얼룩거리고 흐릿하다
구부러져 누운 것이
새끼줄인지 뱀인지조차 헷갈린다

창문을 닦는다
세상이
있는 그대로 보인다
어찌
내 마음 창인들 때가 끼지 않겠는가

—「유리창을 닦다」 전문

유리창을 닦으면서 생긴 소회를 읊은 시다. 뿌연 유리창을 시인의 마음에 투사하는 방식의 작품이다. 시에서 흔히 '객관적 상관물'이라 하는 것이 위 시에서는 유리창이 된다. 세계를 바라보면서 곧바로 자신에게 투사하는 시적 수사는 대개 반성이나 성찰로 돌아가기 마련이다. "어찌/ 내 마음 창인들 때가 끼지 않겠는가"는 솔직하게 자신을 바라보면서 깨닫는 자조 섞인 탄식처럼 들릴 수가 있다.

세계는 이렇게 늘 자신의 마음이 오고 가는 마음자리일지도 모른다. 닦으면 닦을수록 분명 해지는 것이 창밖 세상이듯, 마음창 또한 정직하게 바라볼수록 자신도 평소에 몰랐던 그늘을 보기도 한다. 인간은 아무리 발버둥을 쳐봐야 저 길가에 버려진 쓰레기처럼 이리저리 뒹굴다 한순간 자신도 모르는 사이에 세계를 등지는 나약하고 힘없는 존재일 뿐이다.

다만, 이를 깨닫느냐 깨닫지 못하고 생명이 다할 때까지 자족하면서 살아가느냐 일 것이다. 행복을 가져다주는 것은 비단 물질만이 아니다. 아무리 돈이 많고 권세를 누린다 한들 마음에 낀 때를 알아채지 못하면 결코 잘 살았다고 할 수 없다. 그러니까 옛날부터 성현들은 자신의 마음을 들여다보면서 성찰하는 삶의 중요성을 일찌감치 설파했던 것이다. 시인은 세계를 살피면서, 어떻게 세상이 존재하고 돌아가는지 늘 물음표를 사유하는 사람이다. 한편 시인은 세계와 관계없이 자신의 정신과 마음이 어떤 결대로 흘러가는지 조심해서 들여다보는 사람이다.

그래서 시인은 늘 자신을 헤아리기에 보통사람들과는 결이 다른 마음의 두께를 간직한 사람이기도 하다. 유리창을 닦으며 문득 떠올린 상념들을 꺼내면 그 속에는 미처 알지 못했던 삶의 진실도 들어 있음을 알게 된다. 이는 관조하는 삶이 가져다주는 생활의 한 단면이다.

먹고 나서
탈이 나지 않으면 삭은 것이고
탈이 나면 썩은 것이다

먹어보지 않아도
항아리는
맛이 다름을 안다
항아리 뚜껑은
내음이 다름을 안다
세월이 스며드는 것은 같지만
삭음과 썩음
ㅏ, ㅓ
한 생각
마음 씀씀이 점 찍는 방향 차이다

어차피
바람이 머무는
시간속에 맛있게 익어가고 싶다

— 「삭음과 썩음」 전문

서종석 시인에게 시 쓰기란 마음과 생각이 세계와 마주하는 방향에서 잠시 숨 고르다 삶의 길을 찾으려 다시 발

걸음을 옮기는 일과 다르지 않다. 이런 점은 시 쓰기와 삶이 일치하는 자리에 그의 시 방향이 놓여 있다는 말로도 바꿔 쓸 수 있다. 생활공간에서 끌어올리는 시인의 언어에는 늘 머뭇거림과, 단정 지을 수 없는 삶의 비밀들과, 날개짓하며 삶의 지반을 초월하려는 몸짓들이 뒤엉켜있다.

「삭음과 썩음」은 그런 마음의 실타래가 꿈틀거리며 시인이 나아가야 하는 삶의 방향을 지정해 주는 마음자리가 들어앉아 있다. "세월이 스며드는 것은 같지만/ 삭음과 썩음/ㅏ, ㅓ/한 생각/마음 씀씀이 점 찍는 방향 차이"라는 것, 이는 시인이 지금까지 살아오면서 깨달은 세상의 이치다. 시간이 흐르거나 세월이 스며들면서 만들어지는 존재의 품격에는 배어 나오는 냄새가 향기가 되거나 악취가 되거나이다.

모든 사람들이 전자인 향기를 소망하지만 세상살이 자신들이 생각하는 것만큼 제대로 된 방향으로 나아가는 일이 호락호락하지가 않다. 시인은 어쨌든 "어차피/바람이 머무는/시간 속에 맛있게 익어가고 싶다"고 고백한다. 익어가는 일은 쉽게 말해 '숙성'이 되는 일이요 '성숙'해 가는 일이다. 존재가 익어가는 일, 그 일만큼 시간과 세월의 바람 속에서 알맞게 영글며, 또한 알맞게 자리잡는 일도 있을까.

시인은 그러한 숙성되고 성숙한 삶을 바란다. 시인은 고난을 가감하지 않고 바라보는 자이며, 고난과 역경 속에서도 존재의 비밀스런 품안에서 숨 쉬는 아이처럼 끝내 숭고한 인간 본성이 이끄는 고결한 높이를 포기하지 않고 오르려는 자이다. 더욱이 언어를 도구로 세상의 그늘을 승화하여 덥히고 따뜻한 세상을 노래하는 시인에게야말로 소망은 버릴 수 없는 힘으로 다가온다. 시인이 써가는 붓대에 못내 다가가지 못했던 빛무리를 그리는 밝은 세계가 만든 둥지는 어느새 바싹 다가와 있을지도 모를 일이다. 시인은 그렇게 시를 써왔고 앞으로도 그런 마음으로 시를 쓸 것이다.

삶이 던지는 무상한 존재의 얼굴들을 살피면서 되돌아보고 어루만지는 손길이 있기에 시인은 아직도 시를 쓸 수가 있다. 그리고 시인이 그리는 언어의 이미지 그림들은 그런 소망들이 뭉쳐져 헤엄치는 화폭에 그림을 이루면서 마치 꿈결처럼 감성을 쓰다듬을 것이다. 그래서 시는 저 영원에서 울려 퍼지는 존재의 물음에 응답하는 인간의 노래이자 메아리다. 서종석 시인의 문운을 바라면서 글을 맺고자 한다.

둥근여백

인쇄일 2023년 4월 10일
발행일 2023년 4월 13일

지은이 서종석
펴낸이 박철수
펴낸곳 도서출판 해암

등록번호 제325-2001-000007호
주소 부산시 중구 대청로 138번길 9 (대원빌딩 302호)
전화 051)254-2260
팩스 051)246-1895
메일 haeambook@daum.net

ISBN 978-89-6649-235-0 03810

값 15,000원

* 본 도서는 2023년 부산광역시 부산문화재단의 (우수예술지원사업)에 선정되어 지원 발간되었습니다.

* 이 도서의 국립중앙도서관 출판예정도서목록(CIP)은 서지정보유통지원시스템 홈페이지 (http://seoji.nl.go.kr)와 국가자료공동목록시스템(http://www.nl.go.kr/kolisnet)에서 이용하실 수 있습니다. (CIP제어번호: CIP 2020024087)